臺南散步 觀察日記

Moni・琪你圖文

目錄

四、遊走老屋

五、尋尋覓覓

六、趕菜市仔

作者序

生活裡的臺南

臺南是一個歷史悠久的古都，有許多傳統建築，也是一個文化深遠的城市，同時擁有新舊並存的面容，更是美食聖地。讓身為一個旅人，短短待個兩三天，不小心會愛上的地方，身為一個在地人喜歡到捨不得離開，我就是那個捨不得離開臺南的人。

上一本書是記錄在日本的生活趣事，這一本書回到我的故鄉臺南，從自己的角度觀察臺南的常民生活。我非常喜歡老舊事物與歷史文化，能有這個機會深度了解這座老城古都，感到非常開心。但觀察過程中，發現對這座城市既熟悉又陌生，於是重新認識了臺南，也讓我從記憶囊裡挖出許多回憶，並且期待自己能畫出更多屬於臺南的樣貌。

很喜歡臺南的輕鬆步調，美食小吃應有盡有，擁有都市美學，同時也有著復古風情之地，有好天氣也有好的人情味。說到天氣，臺南的陽光很多，在臺南沒有寒冷的冬天，只有寒流來時才會覺得特別冷，有時刺骨的寒冷會因為中午陽光變得溫暖許多，甚至熱到可以直接換上短袖。

夏天的太陽則很炙熱，在路上走沒幾步就流了滿身大汗，身體會非常黏膩不舒服，但臺南市區離海邊很近，海風吹進來，在樹蔭下乘涼或是找個遮蔽物，能感受徐徐微風吹來，這是臺南最天然的電風扇，而午後也成了在地人納涼的好時光，這時沒這麼討厭臺南的夏天。這樣的好天氣帶給人好心情，也讓臺南人不急不怒生活悠然。

在臺南適合慢下腳步穿梭在巷弄內，從在地人的生活日常、街道上的光影、巷弄內的老宅物件等等，發現臺南有太多東西講都講不完，連自己也變成觀光客帶著好奇心窺探。從大馬路鑽進巷子裡每個小角落，每一個轉彎的盡頭總會發現驚喜，一直在巷弄裡流連忘返。

這樣走著走著肚子也餓了，找了幾家屬於臺南的平民美食做分享，但美食這部分很主觀，每個人喜歡的口味不盡相同，把介紹店家這部分的繪畫表現，融入一些在地人的生活景象，並且悠閒地吃一頓飯。另外有人說，到某城市旅遊想要更融入當地的生活，走進他們的市場晃晃就對了，而我也到臺南的傳統市場裡觀察，走進一個不熟悉的區域，發現很多東西讓我大開眼界，看見越傳統的東西越能吸引我的目光，便想把眼前的畫面都記錄下來。

喜歡隨手拍照隨手記錄的我，每到一個城市便記錄當地的生活，時間不知不覺地流逝，所以更珍惜日常間所發生的事情。這一年利用自己的雙腳，走訪臺南的巷弄文化，記錄下每個深刻的畫面，最後用畫筆繪出故事，分享在這本書裡。而不擅長寫作的我，努力用文字輔助圖像無法表達的情感，也許文字能延伸更多故事，讓圖畫更具豐富的想像，有空白的部分就留給讀者來補滿。

還有什麼沒發現的小故事呢？讓我們一起尋訪舊城留下的故事吧！最後好好享受臺南的一天，遊走老屋之間的時空故事，走進菜市場迎接美食的饗宴，享受在地的午後時光，感受舒適的生活感，在西落的傍晚，到海邊靜靜的吹吹風，回味一整天美好的臺南。

Moni．摸你

一、時光隧道

時間一直在流動，每個時代在轉變，老東西往往被新事物取代，昔日舊景也許已經不在了，因此更想記錄每個片段。分享一些自己在臺南的舊時記憶，利用畫圖說故事的方式把它記錄下來，或許不久之後，這些景象因時間的流逝，再也看不到了。

雖然沒辦法阻止時代繼續改變，但踏著一些被留下的足跡，細讀老物件的歷史與故事，踏進臺南猶如乘上時光列車，一起尋訪這座古老城市。

臺南車站

臺南車站有百年歷史，被列為國定古蹟，整個外觀的復古樣貌，很符合臺南府城給人的古老印象。建築特色是門廊前有三個圓拱門，供汽車下車的人進出、避雨、等車，二樓正面有七個圓拱造型長窗，讓大廳空間更明亮。

車站二樓曾是餐廳和旅館，是臺灣唯一有鐵道旅館和鐵道餐廳的車站，以前進進出出搭車，都不知道臺南車站這個祕密，其實也不算祕密，因為它一直在那裡，只是歇業好長一段時間，沉睡了好幾年。近幾年開始修復樓上的鐵道旅館，修復完將會對外開放。旅館採用大量木造裝潢及復古設計，很期待可以重新看見當時的風華樣貌。

臺南車站大廳，畫作期間正在整修，很多地方都圍起來了。

- 乘客進出口的三個圓拱門。（上）
- 往月台剪票口的方向。（下）

車站前是一個大型圓環，連接對面是條長長的成功路，某天下午騎車經過時，捕捉到遠方紅橙橙的夕陽正在西落，如果是以前的地勢與平房，說不定可以看到海平線。在進入黑暗前，能被橘紅色刺激一下感官，讓疲憊的身軀有了一點療癒的效果。

當我站在火車站大廳，停下腳步看著乘客匆忙進出的模樣，腦中浮現出電影橋段，像是場景一直在跑，時間一直在轉動，有種跌進時空黑洞一般。進到臺南車站，的確像是穿越時空回到過去的時光裡遊玩一趟，藉此準備來一趟臺南古都之旅吧！

近年隨著臺南鐵路地下化，很多舊景會漸漸消失，像是跨越鐵道的東門陸橋、機車地下道、人行地下道等，或是連接第一、第二月台的連通道，每次站在月台上看著這個景象，雖然只是功能性提供民眾通行，腦海裡仍會不小心浮現出選擇人生出口的小劇場，像是走在這條路上有著高高低低階梯，必需小心行走，也需要選擇哪一邊才是你要去的方向，想先暫時記錄下這樣的畫面，在往後的年代又會是一個新的樣貌。

▪ 連接第一第二月台的地下連通道。

- 大菜市修復前凌亂的北翼門口。（上）
- 修復後的大菜市北翼門口。（下）

西市場

西市場為當時南臺灣最大市場，臺南人俗稱為「大菜市」，已是百年歷史的老市場，當年熱鬧的場景已經不在，目前列入古蹟也放置多年，是一個沒攤販的舊市場。近幾年開始進行修復，不再像照片裡老舊的樣子，我記錄下的是之前記憶中的畫面，帶入一些當地人的日常生活。繪畫的是西市場北翼大門，門口前有棵百年老榕樹，是居民可以坐在樹下乘涼聊天的好地方。

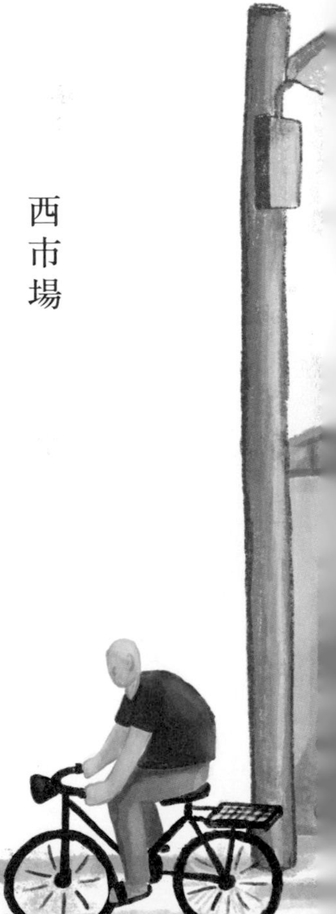

大學時期用底片機拍的照片，大菜市室內昏暗的樣貌，當時還有幾間店家在營業。

大學時期喜歡拿著底片機拍些老舊的東西，記得那時有去大菜市探險，馬上去翻存放好幾年的底片檔案，找到幾張在大菜市的照片。但昏暗的室內，技術不好，照片幾乎都晃到，只好搭配繪畫方式呈現舊時畫面。

市場斑駁的牆面上，還留著當時的日曆與舊海報，日曆上的日期停留在攤販離開那一天，時間好像停在當時的狀態不再流動，剩下一些老舊看板與堆滿的垃圾，荒廢凌亂無人守候的話，漸漸會被遺忘。那時市場尾端還有幾家攤販與雜貨店營業，在陰暗潮濕的室內還留有幾盞黃光燈火，能看見一絲當年市場裡有氣息的樣貌。

時代一直在改變，他們是怎樣才不被新事物取代，我想是那份堅持與簡單過日子吧，只求安生立命繼續生活著。對他們來說，這是一個從年輕到老不曾離開的家，是一個有感情的地方。雖然已沒有當年燈火輝煌的景象，但還守護著這個地方到最後一刻。老舊空間的存在以及時間的堆疊，在我們看似簡單但了解起來卻是無比精彩的人生故事，因為有他們的堅持，這樣的地方才會一直延續下去。

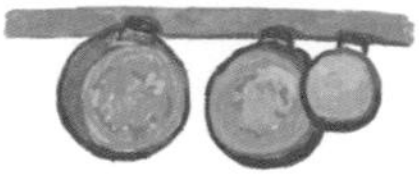

舊鐵鍋、舊掃帚都還在牆上

牆上貼的豬肉廣告

河樂廣場

臺南的中正路尾端，在不同時空經歷了三段變動，回憶這段歷史到現今，我把它比喻像漂流木一般，河流的飄動，能把東西帶來同時也能帶走，擱淺的讓人拾撿，逝去的都漂向大海了，想找到不被遺忘的方法，拾起這段漂流木，在上頭刻下記號，讓保留下來的畫面可以訴說著故事。而我也利用漂流木的意象，在上面繪出這三段時期的畫面。

它曾經是一段運河碼頭，是安平外海的船隻，連接臺南市中心一條重要的水路，有漁船會靠岸也有競標魚市場，當時可以坐著公共汽船往返安平與市區，算是那時的交通工具。台江內海慢慢淤積後，海岸線漸漸往安平移動，加上跨河橋的建立，船隻難以進出通行，運河便失去了功能。

後來填平運河港口，轉型做為觀光區，建立大型購物中心名為中國城，在七零年代是個繁華街道，有小吃店、電影院、冰宮等等，是個複合式娛樂場所，有許多商店相當熱鬧。

當時的我還沒出生，對中國城有印象是在國中時期，那時已經開始沒落了，變成治安很差的地方，常常發生鬥毆事件，許多店家與居民紛紛搬走。當時地下街是條美食街，有許多臺南在地小吃，例如：棺材板、蚵仔煎、鱔魚意麵等，高中時期膽子比較大，才敢下去地下街吃東西。

還記得那時學校段考完讀半天，放學後會搭公車到中正路逛街，到中國城地下街吃碗月見冰或玩電動機台，也想起這段鬼混的舊時回

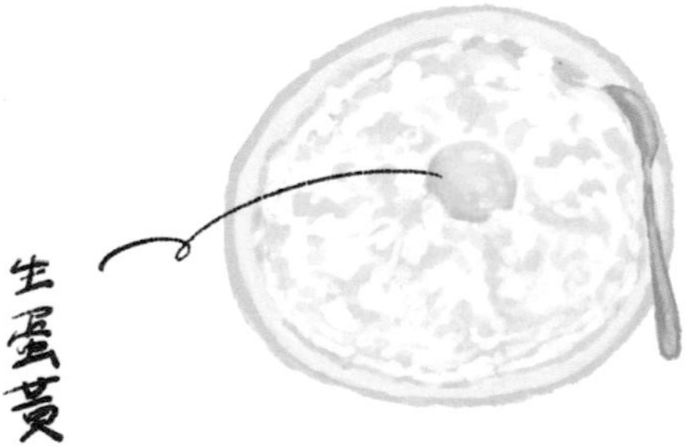

月見冰是以前冰果室常見的冰品，在剉冰上放生蛋黃，再淋上煉乳，吃的時候把蛋黃戳破，混著冰蛋黃凝結成塊狀，口感變得綿密，現在很少看到了，以前我超喜歡吃。

- 中國城地下街環河街端出口，旁邊是中國城戲院一樓售票口。（左）
- 當時中國城一樓廊道的遮雨棚。（右）

▪ 現今河樂廣場的樣貌。

憶。大學時曾和同學到樓上電影院攝影取景，那時還有放映二輪片，但治安問題一直存在，當年熱鬧的中國城都快變鬼城了，最後還是走向被拆除的路。

現在變成一座親水公園名為河樂廣場，中國城拆掉後視野變得超寬敞，光線比較明亮，可以想像當時中國城佔地很廣，也解除了治安死角這個危機。廣場的設計還原當年運河水的意象，有水池可讓大小朋友踏踏水，也成了假日休閒好去處。還有著像是古羅馬的石柱，那是中國城這座建築留下的殘跡，站在廣場上俯視，經歷前兩段時期，可以稍微譜出當年的樣貌。

河樂廣場共同結合了前兩段的歷史景象，讓前兩段記憶不再漂流，像是凡走過必留下痕跡一樣，延續下去的畫面，能讓故事繼續發展，新的設施興建，也許是讓府城擁有更多元的融合。

中國城 1983-2016年

河樂廣場 2020年

沙卡里巴

想起小時候，爸媽忙於工作，幾乎是阿嬤陪伴我們的童年到長大。因為不是住在臺南市區，每次去熱鬧的區域都要搭公車，阿嬤會帶著我們坐公車去市區逛街，那時只要想到坐公車，像是要搭遊覽車準備出遊一樣，總是隱藏不住心裡的雀躍，開心的不得了。

公車停在西門路上，從西門路的麥當勞開始沿著中正路逛，走到尾端的中國城前，再沿著對面的路逛回來。這段路其實很長，走起來滿累的，阿嬤當時體力真的很好，一個人帶著三個孫女，有時鄰居小孩跟著一起來，帶著一群小朋友遊玩，可以看出她很疼我們，真的很謝謝她的陪伴與辛苦。

在中正路靠近海安路這一段，有一塊寫著沙卡里巴的看板，看板下有一攤小小的水果攤。以前來這裡逛街時，他們就在這裡擺攤了，是一台有輪子可以移動的小推車，賣著一包一包切好的水果，現在還有賣以前很愛吃的小蕃茄鹹酸甜與鳥梨仔，這兩個名字都要用台語發音，一個是將小蕃茄切開，裡面包著化應子蜜餞；而鳥梨仔是醃漬過的小梨子，咬下吸取它酸甜酸甜的湯汁，夏天解膩又消暑真的很喜歡，那時逛街一定都會買一包邊吃邊逛。

某天我走到攤販跟阿姨說，我小時候很常來這邊逛街，現在看你們還在這裡擺攤覺得很開心，阿姨靦腆笑笑地點點頭說以前這裡很熱鬧，現在人比較少了。那天還可以看到當時攤販的老奶奶，但駝背的身軀只能坐在旁邊幫忙，目前是奶奶的女兒幫忙顧攤。他們現在從中午12點擺到晚上9點，時間滿長的，阿姨說以前會到更晚，他說這樣擺也擺了四十幾年了，感覺攤販完全沒變，依舊賣一些古早味醃漬果物與新鮮水果，雖然生意沒以前好，但他們一如往常簡單過生活，是真實又純樸的存在。

那天買了一包烏梨仔回家分享給家人，也跟他們說這段故事，古早味的滋味依舊很好吃。因為沙卡里巴這塊看板符號的存在，經過時總是浮現過往的記憶，也將這段記憶收錄進來。

沙卡里巴：於日治時期的「サカリバ」，其日文發音即爲「sakariba」，寫爲「盛り場」，其意義爲「人潮聚集的地方」或「熱鬧的地方」，取其發音翻譯成中文爲「沙卡里巴」。（臺南研究資料庫）

兌悅門

臺南的信義街上有個小城門叫兌悅門，是以前大西門外城的一座城門座，也是臺南唯一還有通行的城門，行人與機車可以繼續在這裡穿梭，目前這座古蹟，與當地居民一起共同生活著，每次騎機車經過時，都會往兌悅門方向看它一眼，感受幾秒的穿越時空也好。

那天走在鋪著石板地的信義街上，這條老街有民宿、餐廳、咖啡廳等店家，但格外寧靜舒適，不像市區街道熱鬧吵雜。那天還看到居民站在城門下等垃圾車的景象，有附近店家穿著店裡的制服呆滯地等著，或是老婆婆提著垃圾從遠方緩緩走來，還有幾個阿伯穿著藍白拖鞋站著三七步一副很兇的樣子，這是他們與古老城門的生活日常，對他們來說是這麼簡單平凡不過了。

我在這裡穿梭了好幾次，其實是在想，時間的轉動讓人事物跟著改變，在同一個地方有著不同時空給的景象，感受以前的生活與現在的差異性，都是因應生活需求而有所變化。寫著寫著，回想過往的日子會讓現在的自己更享受當下，因為當下的時空過了就再也回不來了，但不管怎麼改變，依舊繼續平凡地享受每日生活，在太陽公公露出一點頭兒的午後，記錄下這溫暖的景象。

- 站在兌悅門上眺望信義街。（右頁上）
- 兌悅門城外正面。（左頁上）
- 兌悅門上的狹窄樓梯與平台。（左頁中、下）

消失的日式宿舍

這個日式宿舍社區，是爸爸小時候長大的地方，也是一個受戴奧辛污染的地方，居民陸續搬走，現在房屋老舊，許多房子已不能住人，包括爸爸以前的家，但還有少數幾戶有人住，還留有一點生活氣息。這裡離市區很遠，但日式建築吸引很多人前來攝影或拍婚紗照。這邊的居民會餵養流浪貓，聚集許多貓來覓食，很多遊客會特地來餵貓咪，也慢慢變成一個貓景點。

這一區名為鹿耳門，是個靠海很近的地方，以前水溝裡還可以看到魚、螃蟹和海蟑螂，小時候根本不怕海蟑螂，牠們看到人瞬間竄到洞穴裡，像龍貓裡的灰塵寶寶一樣，覺得很好玩。小時候會在宿舍裡跑上跑下玩捉迷藏，最喜歡躲在像多啦A夢睡覺的壁櫥裡，壁櫥是紙拉門，不小心太用力還會戳破，地板鋪著榻榻米，踩起來涼涼的很舒服，還有香香的草席味。雖然沒住這裡了，但每年過年都會回來大掃除，幫忙擦地板與榻榻米，拿著抹布貼在地板上，抬起屁股往前衝再跑回來，就像電影會出現的片段場景。

有時翻以前的舊照片，找到爸爸小時候在這裡生活的照片，跟他聊小時候的回

▪ 日式宿舍內已殘破不堪。（左上）
▪ 爬滿植物的泳游池。（左下）
▪ 爸爸以前家裡的房間，榻榻米已經全丟了，還留有拉門的舊電視。（右上）
▪ 悠閒的貓，這裡也有臺南貓村的稱號。（右下）

憶，得知這個日式宿舍群裡，有福利社、理髮廳、圖書館、游泳池等，娛樂場所很齊全，也有日式澡堂，還有中山堂播放電影，想像他們的童年，好像很豐富、很單純、很快樂。

這樣的小村落，隨著時間累積與生活需求，雛形慢慢形成，但沒人居住的老舊木房也會漸漸老去，現在的它越來越老、越來越舊，連小時候可以踩著的榻榻米也因腐爛丟棄了，長大後發現這段回憶如此珍貴，也讓我有這樣的日式宿舍場景可以訴說。

我只是觸碰著前人的足跡，拼湊他們的故事，同時疊上一些我的兒時記憶。隨著歲月的累積，物件會慢慢斑剝，慢慢消失不見，感嘆時間正在慢慢流失。

時間的存在可以記錄，試著在圖畫上把游泳池畫出來，呈現當時純樸的生活樣貌，加上現在是貓的棲息地，並融入在畫面裡。

河流之上

原來臺南的市區街道下，隱藏著許多日治時期的古河道，本來不知道這些歷史，是某次參加古都志工的導覽說明，才知道這個藏在地底下的秘密。因為古河道落在臺南市中心，讓我更好奇腳下踏著的世界是個什麼樣子。

目前開山路3巷的清水寺前，有著當時的河道，地上看起來像是一條水溝，但水溝蓋下的水是乾淨且流動的，沿著巷子走可見彎曲的道路與上下斜坡，搭配兩旁的老房子，讓這條老街更顯古色古香，我們就站在河道上浪漫地散步著。逛臺南的老街時，低頭看一下地板上的石塊有些會

- 開山路 3 巷街道，原爲枋溪的河道，早期稱「清水寺街」，又稱「水流觀音街」。有名的百年老店祿記包子也在此巷。（上）
- 開山路3巷地上的石刻文字。（左下）
- 站在民權路上，能看見地面高低落差的斜坡。（右下）

刻著文字，可以跟著一起閱讀歷史故事。

臺南雖然位於嘉南平原上，但臺南市區以前有溪流經過也有個台江內海，經過泥沙淤積成了現在的平地與丘陵。仔細觀察臺南街道，可以發現某些路段彎來彎去，或有高低起伏的落差。像是經過民族路、民權路或民生路這些路段，從高處的端點往這些路段觀看，可以看見路是下坡往海的方向延伸，每次騎過這些下坡路段，速度都會變得特別快，或是在市區騎腳踏車，能更深刻感受騎上坡的吃力。

現在已經難以分辨河流的去向，新城市的興建成為今日的巷道，在臺南散步試著停下腳步觀察這些跡象，可以看看大水溝蓋下，是否有水滔滔地流動著，稍微可以感覺以前河流經過的痕跡，並落在我們的生活中。

臺南府城

某天參與了臺南一日城垣沿線觀察工作坊，內容是如何在完整城牆概念下推動文化資產保存工作，並凝聚民眾對當代都市中府城歷史脈絡的意識。那天是靠自己的雙腳沿著城牆遺跡走一圈，沿途聆聽著時間與空間的導覽，踏查著不同地貌、不同年代興建的社區。從早晨走到傍晚，走到最後感覺雙腳已不是自己的，雖然很累但很有成就感，不敢相信可以完整走一圈臺南府城，像古人一樣，靠雙腳從城裡走到城外，現在騎機車只要十分鐘就可以到城外了，也更佩服以前的人，在不便利的生活下韌性地生存著。

府城城牆已是好幾百年前的建設，樣貌早已層層埋藏在地底下，現在看到的是散落

▪ 小西門，現在遷移至成大光復校區，左右兩邊為小東門的城垣殘蹟。（左上）
▪ 大東門，位在十字路口中央，為現今東門城圓環。（左下）
▪ 大南門，臺灣唯一僅存的甕城。因敵人進入後有甕中捉鱉之效，故又稱為甕城。（右上、右下）

四處的遺跡，堆疊著層層歷史特徵，可以發現府城的城牆內與城牆外地勢高低差，城墻內開發早，大多是底矮的老房子，城牆外開發晚，當代蓋高樓大廈居多，這些都可以在臺南街道上感受到。生活在臺南沒去接觸了解，不知道這些由來與歷史故事，還沒參加工作坊前，只知道臺南是府城古都這個名詞。

隔天與工作坊的人一同討論分享，最後丟下了一個問題給大家思考，挖出來的古蹟是否要保存下來？如果保留下來，只有少數民眾會去看，還會因風化而腐蝕，或許把它埋回地底下，讓它更完整保存往後的歲月。以前覺得珍貴的古蹟應該保存下來，但思考過後，的確很難評估它的去向。或許用自己的方式，以文字或繪畫做記錄，藉由這小小的力量讓更多人知道這些歷史故事，來臺南走走，不妨試試尋找城牆遺跡。

城垣遺蹟散落在臺南市區。
- 南門段城垣殘蹟（臺南女中的圍牆）（上）
- 東門段城垣殘蹟（居民花盆一角）（左下）
- 小北門東南段城垣殘蹟（住戶門牆一角）（右下）

工作坊那天走到最後一個階段，站在民德國中的天橋上，讓我們感受站在城牆上的感覺，從高處俯瞰現今臺南街道，當時天空剛好是暗灰的橙黃色傍晚，整個城市鋪上一層昏暗舊舊的感覺，讓這趟踏查過程，更明顯浮現城牆的畫面，也藉此在照片上鋪上城牆的意象。

二、午後日常

午後的臺南，陽光溫和天氣也比較舒適，太陽光斜斜灑在靜靜的街道上，樹葉被風吹動的模樣，映在地上的影子閃爍跳動著。散步在街上跟隨著影子，摻雜著鳥鳴與蟬叫聲，心情也跟著跳躍愉悅，這樣的畫面很溫暖很舒服。

臺南的日常間，悠閒自在的日子，時常抬頭看都是晴空萬里，讓人不得不慢下腳步，好好沉浸在這片寧靜色調裡，這樣的好天氣，也能漫無目地閒晃，欣賞屬於臺南的午後時光。

孔廟泮池

臺南孔廟裡有一個半圓形的水池名為泮池，那天看見池畔圍牆上站著一隻鳥，羽毛是黑白灰相間的夜鷺，旁邊有一位阿伯跟著站在池畔邊，專注低著頭看著池內，我站在遠方看著他們的背影，好奇他們到底在看什麼，便上前查看，原來是阿伯拿著一大包飼料在餵池裡的烏龜，站在圍牆上的夜鷺，像在等待餵食一直盯著阿伯看，才讓他們有如此專注的模樣，他們的互動相處很逗趣可愛。這個泮池在此矗立了百年，早已融入當地人生活，現在它也成為一個陪伴我們的地方。

孔廟裡有許多大樹綠蔭，每到清晨及黃昏，附近居民會在此散步乘涼，古蹟成了在地人的日常公園。廟前有個小操場只有三線道，

操場中央有一棵大樹，樹枝與氣根生長茂密，穿越跑道形成一個小隧道的樣子，難得看見大樹不因後來興建遭砍除，而是以共存的方式一起生存下去，也成了另類的日常畫面。

- 臺南孔廟泮池。（上）
- 泮池旁的三線道操場，中間一棵大榕樹讓跑道有個綠蔭小隧道。（左下）
- 池邊餵烏龜的阿伯與等待食物的夜鷺。（右下）

這樣舒適的午後自己也在孔廟裡走走晃晃，走著走著看見一棵樹，直挺挺的非常高大，樹下的立牌小簡介上寫著雨豆樹，覺得這個樹名很可愛。這棵樹已經八十歲的老樹，讓我無法言喻漫長歲月的生長，有著一股強韌的生命力。我待在這裡多看它好幾眼，心情跟著神清氣爽，伴隨著古色古香的建築，是個放鬆的好地方。

參觀完孔廟，大家可以往周邊的巷子裡走走，會發現有很多很棒的特色小店，每年孔子聖誕九月二十八日會舉行盛大祭典，可以選在這個時候來旅遊，感受一下現場祭典的盛況。

朱紅印子

臺南有個獨特的紅色，或者說是代表臺南的紅，例如廟宇的朱牆，顏色飽和非常搶眼，在遠方就能看見，這個紅讓人感到無比包容溫暖，算是最代表臺南獨有的顏色。紅牆綠樹對比間，微微的風迎面吹來，能聽見樹葉摩擦沙沙聲，在太陽照射下，樹葉的影子斜映在紅牆上，形成一幅天然的剪影壁畫，也成了臺南獨有的風景。

另外，臺南有名的牛肉湯，高溫的湯沖在新鮮牛肉上，湯也呈現淡淡的紅色。還有代表臺南的鳳凰木，在夏季鳳凰花盛開的時候，染紅了整個街道，再加上炙熱的太陽，讓整個府城火紅一片。臺南也有許多古蹟紅磚，都能代表臺南的紅。也許是這樣的紅呼應了臺南人的熱情，這樣的風景造就臺南人的隨性自在。

牛肉湯的湯底爲紅色。

▪ 原臺南公會堂前的鳳凰木。（左上）
▪ 安平古堡城牆遺跡。（右上）
▪ 孔廟的朱牆。（下）

臺南武廟的朱壁山牆，有著高大雄偉的大紅牆，與天空的藍形成對比色，號稱臺南最美麗的一道牆，現場更能感受它的浩大之美。

在臺南生活了多年，卻不懂好好欣賞這些日常，現在試著停下來看看它的美，收集生活上的素材，這些景是無可取代的樣貌。

午後乘涼

午後的陽光溫和，涼爽微風吹過，青空的照映下伴隨著好心情。在太陽還未下山前隨意地散步，在夏天這個季節，天氣舒爽適合乘涼，冬天的天氣溫暖，適合外出曬太陽，臺南的下午過的悠哉悠哉。

某天午後，男子靠在圍牆上看報紙，身旁幾隻麻雀吱吱喳喳跳來跳去，卻不擾亂男子認真閱讀，處在一個舒適的空間，感受土地溫潤敦厚的包容，這樣的畫面很可愛又和諧。

臺南文化中心的噴水池。水池噴射的一瞬間，拍下了眼前這個時空凝結成了記憶。

光線柔和的午後，是在地人享受愜意的好時光。經常在巷子裡隨意亂竄，發現最常遇到老人，他們坐在自家門口乘涼，觀察路上的人來來去去，有的跟鄰居聚在一起聊聊天，悠閒渡過午後時光。或是整理自家門口的盆栽，跟他們打招呼，能獲得可愛笑容的回應。有次在路上看見一位婆婆穿得很時髦，一整套同色系西裝服，脖子圍條絲巾，但卻穿著襪子搭配拖鞋，我想這是屬於臺南人的時尚吧。

下午我會騎腳踏車出門運動，喜歡騎腳踏車有個原因是可以邊運動邊欣賞沿路風景。最常騎的路線是鹽水溪兩旁河堤步道，河岸兩旁綠色草地視野遼闊，沿著溪流可以一路騎到安平出海口，快到海邊時穿越綠茵步道後，映入眼簾的是一片大海，在全速衝刺下看見海的瞬間，清爽遼闊心情也跟著通體舒暢。在四草大橋下的沙灘上稍微休息一下，時間足夠的話也會畫畫速寫，同時等待夕陽輝煌的映照下，看著太陽慢慢消失在海平面，這時天黑了，體力也充足了，回頭沿著原路再騎回家。

- 橫跨大海的四草大橋。（左）
- 穿越前方綠茵步道，會看見一片大海。（中）
- 鹽水溪河堤步道。（右）

光影南美館

臺南美術館從開幕到現在，一直都是熱門景點，新建的2館純白色建築造型很吸睛，以不規則形狀往上堆疊的外觀，像是落在市區的一座山。我很喜歡頂上的五角形碎形玻璃意象，臺南的熾熱陽光穿透屋頂後，在館內照射下來的影子，呈現如光穿透樹葉般的美麗光影。像是呼應1館的古蹟建築，中央天井一顆老榕樹，陽光斜射下來，在廊道地面也形成了閃爍的樹影。

美術館外也有很多開放空間，樓梯可以自由上下，沒有參觀館內的展覽，也可以在戶外周邊走走。陽光揮灑在白色牆面，早上與下午的照射光線不一樣，整座白色建築的顏色也會有所變化，到了晚上打上燈光，又是另一種感

▪ 南美館 1 館中央天井光影與大榕樹。

▪ 南美館 2 館室內光影與外觀。

覺，一整天都在變化微妙的光影。很羨慕住在附近的居民，鄰近有一座可以休憩又養眼的文藝公園。

臺南市區景點密集，每到假日車潮人潮變多，經常還會遇到廟的祀典遶境，旅客租機車行動方便許多，但路上形成人車併攏的景象，行駛在路上或步行時都要特別小心謹慎。

散步南美館周圍時，站在對面的馬路上，用比較遠的視角觀察南美館，拍攝理性直線的建築外觀時，搭配前方車子移動瞬間，讓畫面有流動感，攝影喀嚓一聲，將畫面靜止捕捉進方框裡，同時把這種感覺，這樣的畫面畫了出來。

另外，加入一點意外小趣事，在路上遇見機車騎士的肩膀上夾著曬衣夾，而且是直挺挺地立在肩膀上那種，也遇過外套上貼著紅茶微糖微冰的標籤貼紙。這些有趣的相遇，也讓生活上多一點滋潤，想畫下不一樣的南美館，屬於臺南生活的南美館。

夾縫中的廟宇

臺南的廟很多，在街道散步時，常常看見廟宇夾在民宅中間，如同隔壁鄰居一般，緊鄰著居民的生活。

下午，廟前廣場變成在地居民的生活場域，像是在廟前擺桌下棋、品茶聊天，有的廟埕會有許多小攤販，提供附近居民覓食好去處。我家附近的廟在晚上燈火明亮，搖身一變成了夜市，在城鄉裡便能體驗廟埕辦桌吃飯的景象。臺南似乎是每個社區就會有一座廟，像是一個地方的守護神，人們從出生到未來向祂祈求一切平安，宮廟跟我們的生活是這麼靠近，但對祂的文化還是很陌生，廟宇歷史有太多故事可以閱讀與瞭解。

- 爲武廟前庭左側，祭拜「馬使爺」與「虎爺」。（上）
- 爲臺南開基武廟，位在巷弄民宅中。（下）

廟旁的小貓，脖子上的鈴鐺是用綑綁金紙的塑膠繩做的。

▪ 臺南北極殿壁畫彩繪爲「風塵三俠」，民國七十年潘麗水作。（左）
▪ 鹿耳門天后宮的廟頂裝飾，上爲順風耳下爲千里眼。（右）

臺南宮廟是全臺數量最多的城市，巷口已經有一間廟，再往前走一小段又遇到一間，從另一頭巷口出來又有一間，一路上一直在相遇，不管走到哪兒都可以遇見廟，也感受到臺南市區的廟宇密集度如此高。

有人說臺南的慢，像是過著神仙府的時間，一個充滿古蹟廟宇有著豐厚的人文底蘊，這樣形容真的再貼切不過了，不得不慢下腳步仔細欣賞廟宇文化。

我每次只要走進廟裡，求神拜佛之餘，都會帶著崇拜的眼神左右觀看四周的裝飾，對牆上的壁畫或石雕感到非常驚艷，這些工藝非常精湛非常美，從廟的建築裝飾、雕刻、壁畫、刺繡等，廟裡每個角落都是藝術品，這些文化設計有著異於常人的豐富想像與技術，真的很佩服宮廟裡的藝術作品。

海港夕陽

臺南市區離海很近，十幾分的車程就可以到海邊吹吹風，從市區到海邊，會先經過安平區，可以先去老街逛一下古蹟，吃個傳統小吃，下午再往海邊踏踏浪，看看夕陽沉澱一下心境，因此府城又添一筆迷人之處。

從安平往海的方向騎到盡頭，會先看到沿著海岸線的防風林，一大片宛如森林的樹木，滿多人會在這裡拍婚紗照，穿越樹林後就能看到一望無際的大海，踏在沙灘上吹吹海風看看海，不受拘束的自由超級放鬆，等待著橘紅太陽蛋緩緩落入海平線，是漫無目地擁有這份遼闊，同時也療癒了身心靈，煩躁的心情也愉悅多了。

- 前往海邊的方向會先經過一片防風林。（左）
- 大漁船停靠安平港。（右）

迎向海的另一頭是個港口，可以看著漁船忙碌進出的模樣，還有海鳥優雅愜意站在岸邊，同時也是遠離塵囂讓心靜一靜的地方。

那天剛回來的漁船，停靠在岸邊卸下今天的收穫，站在旁邊觀看的我感到新奇，看著滿滿的螃蟹準備秤重分批裝籃，漁人的熱情就是抓了一把螺，往我的方向遞過來，連說句「這給你」也沒有，當下的我搞不清楚狀況完全愣住了，也不好意思隨便收下，只好搖搖頭回一聲說謝謝，而對方什麼也沒說轉頭就走了。回頭想想，也許是漁人的直率不知道怎麼表達，同時也被他的好意嚇到了。

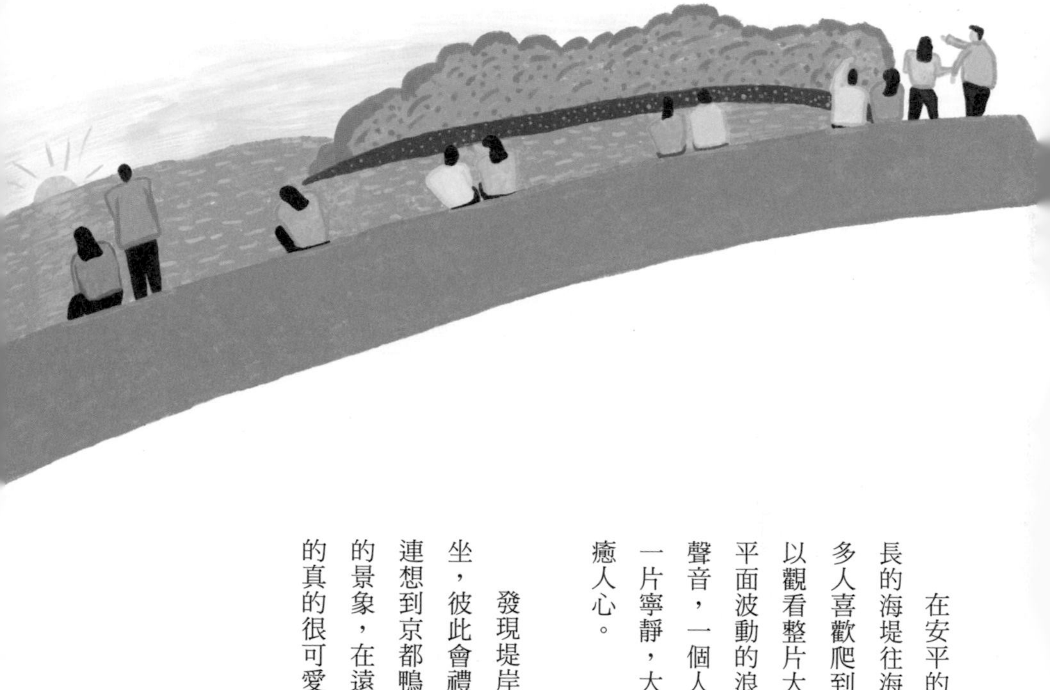

在安平的觀夕平台旁，有個長長的海堤往海的方向延伸出去，很多人喜歡爬到上面，站在平台上可以觀看整片大海視野超好，看著海平面波動的浪潮，聽著海浪拍打的聲音，一個人也很適合欣賞眼前這一片寧靜，大海的力量既浪漫又療癒人心。

發現堤岸上大家會等間隔分開坐，彼此會禮貌性拉開距離，讓我連想到京都鴨川的河岸邊也會出現的景象，在遠處看著一坨一坨小小的真的很可愛很有趣。

在地午後甜點

很多人都認為臺南的食物很甜，但我覺得也許是這份甜，讓臺南的食物變得美味，我自己滿喜歡臺南的過分甜。選擇幾家在地人的庶民小吃，連自己也陷入選擇困難，因為臺南有太多好吃的東西了。

以下這幾家是自己很喜歡的口味，他們使用的原料不會太複雜，製作過程大概都可以想像，屬於比較傳統的銅板美食，樸實無華很單純卻很好吃，適合下午墊個肚子的小點心。但美食口感屬個人感受，每個人喜歡的口味都不同，大家來臺南不妨試試看。

林家白糖粿

白糖粿是將糯米糰下鍋油炸，起鍋後裹上甜甜的花生糖粉，外酥內 Q 越嚼越香，散發出淡淡米香，適合趁熱食用。另外也有蕃薯椪與芋頭餅，一份任選三個才 30 元，超便宜又好吃！

臺南市中西區友愛街 213 之 2 號

阿堯師雞蛋糕

添加滿滿餡料的雞蛋糕。奶油口味餡料飽滿，口感濕潤綿密，非常濃郁也不會太甜膩。除了店面，也在小北及武聖夜市擺攤。

📍 臺南市北區文賢路 522 號

亞米甜甜圈

他們的脆皮甜甜圈，不是一般圓型的樣子，份量很大外型像支炸雞腿，外脆內軟，奶油香氣濃厚，讓人一不小心秒殺吃光。有很多口味可以選擇。

📍臺南市中西區國華街 3 段 6 號

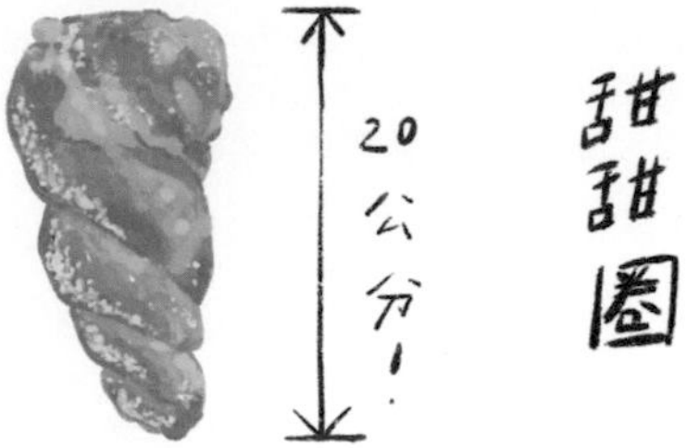

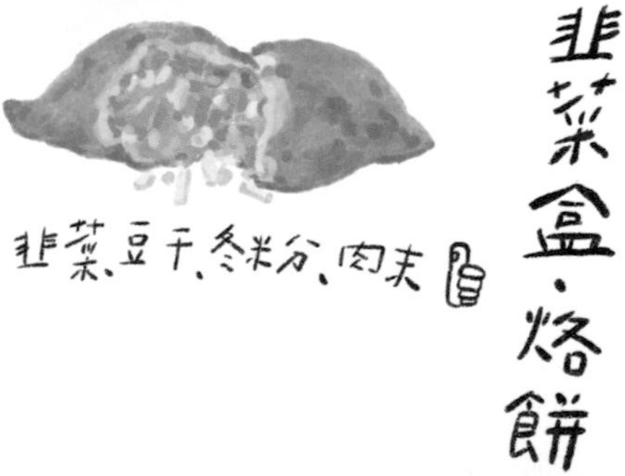

劉記韭菜盒烙餅

現場現揉麵團，現做現炸，烙餅鹹香酥脆，韭菜盒料多實在，下午茶也需要一點鹹的來中和一下。

📍臺南市安平區安北路 159 號

土豆伯府城花生糖

是一家沒有店面，在路邊的一台推車攤販，賣的是包著新鮮香菜的花生糖卷，非常道地的古早味。攤位上插著數支陽傘遮蔽太陽，只賣花生糖一種商品，很喜歡這種在街道上的傳統小攤販。

臺南市中西區永福路二段 200 號（祀典武廟旁）

三、生活色調

臺南的一天，看似悠閒，卻也能感受到店家的繁忙，每個人認眞在工作崗位上，發現臺南人的忙碌是不慌不急的忙，工作不是一個重大壓力，有事情做，並且能維持生活就好。因此常常遇到臺南店家不定期店休，我想是保持著愉悅心情並樂在其中，自然能熱情地對待客人。

此章找尋臺南的純樸店家，屬於在地生活色調，有店家熱情親切款待，有的新舊融合共存永續。這樣的尋訪過程，我也獲得滿滿好心情，並且挖掘更多臺南的可愛之處。

蛋花湯
蚵仔湯
蛤仔湯
魚丸湯
水餃
炒飯
海產粥
意麵
什錦麵

我是鹹酸甜

蜜餞的台語為 kiâm-sng-ti。

鹹酸甜

某天走在亭仔腳（騎樓下的台語），經過一間門面顏色鮮明帶點復古的店家，有兩個藍綠色的大玻璃櫃，裡頭滿滿的蜜餞成列在櫃子檯面上，濕潤油亮的反光面，閃閃地向我招手，盯著玻璃窗掃描式挑選，口水已分泌的來不及吞嚥了。

品項太多，我隨手拿起一包問老闆娘：「我想要酸的」，「你拿的那包就是酸的」老闆娘說，這麼剛好挑中想要的。這裡的蜜餞種類很多，有梅子、李子、多種不同味道的橄欖等，還有情人果、芒果乾、洛神花等選項，適合嘴饞時吃一點酸酸甜甜的小零嘴。

蜜餞是醃製過的水果變得乾扁老皺樣，卻用另一種方式呈現獨有的樣貌，而引我注目的是掛在玻璃櫃上的四個復古黃色大燈，暖色黃光讓蜜餞顯得潤澤美味。我問：「這四個燈很復古很漂亮耶，我好喜歡喔」，老闆娘：「我老爸不知道去哪裡找這些燈，是自助餐裡會掛的燈」。

老闆娘人很親切，問什麼都笑笑地回答，也很開心跟她聊了一會兒，但都不是聊蜜餞的事。他們的蜜餞是簡單夾鏈袋的包裝，讓古早味更道地樸實，但店家這般熱情的款待以及家常般的聊天，是臺南常有的人情味。

利成珍食品行

3

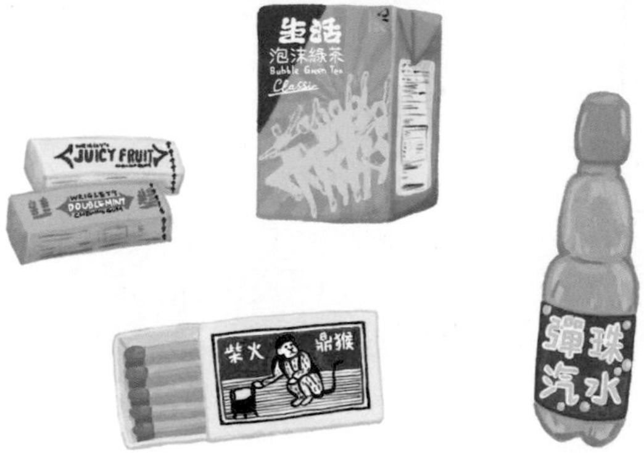

雜貨店

臺南三官廟旁有間小商店，屬於在地人的雜貨店，小小一間店可以用五臟俱全來形容。生活日用品、柴米油鹽醬醋茶等，還有小孩最愛的零食糖果，賣的商品稱不上精美，卻是生活中最實用的。發現店裡還有賣火柴跟彈珠汽水，這些都快被取代的東西，能再看見它們的身影覺得很珍貴。

這間店讓我想起，以前舊家附近也有一間這樣的店，走路兩分鐘就到，當時物價便宜，二十塊銅板就能買一瓶飲料加一包餅乾，還可以選幾顆糖果，滿足小孩的口慾。也常幫阿嬤跑腿買麵線，當時阿嬤把虱目魚切塊，加薑與米酒料理成虱目魚麵線湯，簡單料理就很美味，現在回想起突然好想吃呀。

有天經過時，看見兩位婆婆在研究手上的傘怎麼收，旁邊觀看的我想幫忙時，突然婆婆口氣命令地對這我說：「來——你會收嗎？」於是我上前拿起雨傘，用力往下拉就收起來了，原來是一把新款設計的反向雨傘，婆婆皺眉頭說：「啊，我不知道怎麼收，不敢太用力怕拉壞。」當下覺得她們在探索一項新事物的時候很可愛，兩位婆婆都跟我說了謝謝，要走時另一位婆婆還回頭一直說謝謝。一件小事的幫忙雖然只獲得幾聲謝謝，但心裡的愉悅卻是無比大，這是他們日常發生的小事，這裡就像他們的7－11、全聯，但卻是有情感的溫暖小店。

2022/06/11 以下都是台語對話

婆婆很熱情地說：「來坐。」

我便開口問：「這間店開很久了嗎？」

婆婆：「從光復35年，已經開77年了，我現在80歲了，是嫁到這裡當媳婦。店面是跟廟租的，以前就是雜貨店，不過以前是木製的那種平房，因為道路拓寬才改建成這樣。」

我：「現在全聯開那麼多間，這樣你們生意是不是有影響？」

婆婆：「當然呀，人家還有賣生鮮。」

我：「那這樣客人都從哪來？」

婆婆：「就住附近的呀，有些阿婆不會騎車，都會來我們這裡買，或是路過有需要的人。」

因為附近沒有便利商店，當天就一位過路客，從對面馬路橫跨過來買水。這間店對不會騎車的阿婆真的很重要，那天還遇見廟口的街友經過，開心的跟婆婆說他昨天賺了三百塊，婆婆也很熱情地回應說阿勒咩賣壓。

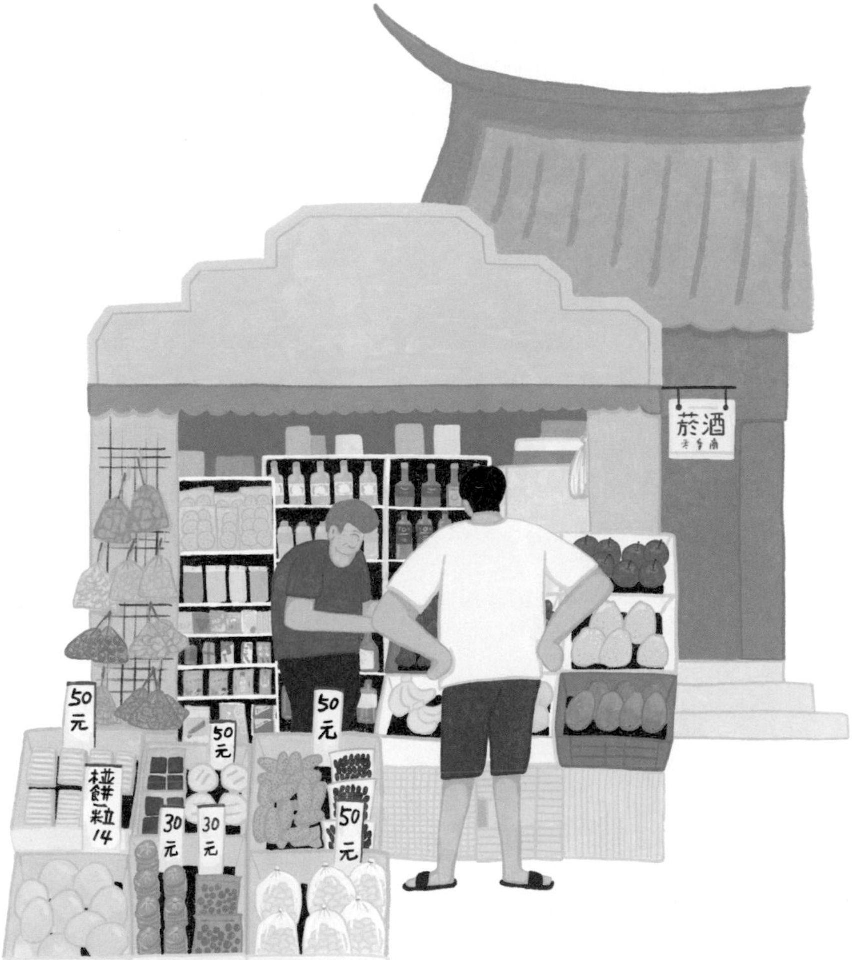
菸酒
50元
50元
50元
50元
椪餅一粒14
30元
30元

在店裡隨意挑選，拿了這罐香鬆，是酸梅口味，意外地很好吃！
酸酸鹹鹹的很下飯，可以再來好幾碗飯。

禮品商店

每次經過民權路時，都會被一間店的招牌吸引，招牌上有一個大大的烏魚子圖案，還標著烏魚子的日語在上面，在遠方就能被它明顯的顏色吸引。招牌歲月痕跡，似乎透露一點老店的氣息，每次經過都想進去看看，但沒有要買烏魚子實在不敢踏進去，於是帶著觀光客的心情，這次勇敢踏了進來。

店裡不大商品也不多，很快就能逛完。看見店裡有一台復古磅秤吸引我的目光，問老闆說我可以拍張照嗎？獲得同意後，老闆說要拍我拿一個東西給你拍，從櫃台下拿出一個珠算盤，他說這是六顆珠的，現在很少看到也很少人會用了，我們還用這個算錢。現在計算機雖然很快速方便，但木頭製的珠算盤用了五十年

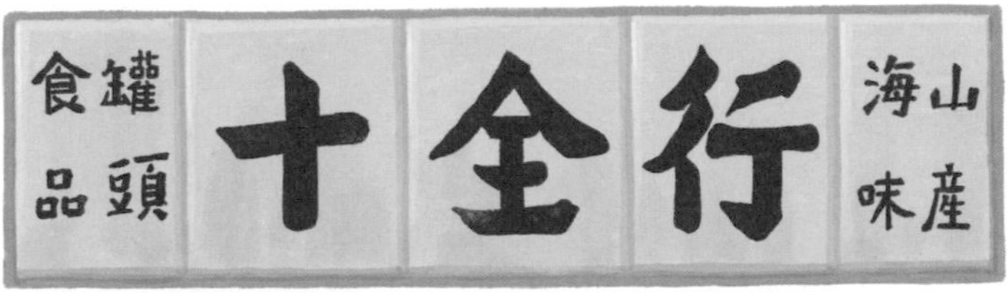

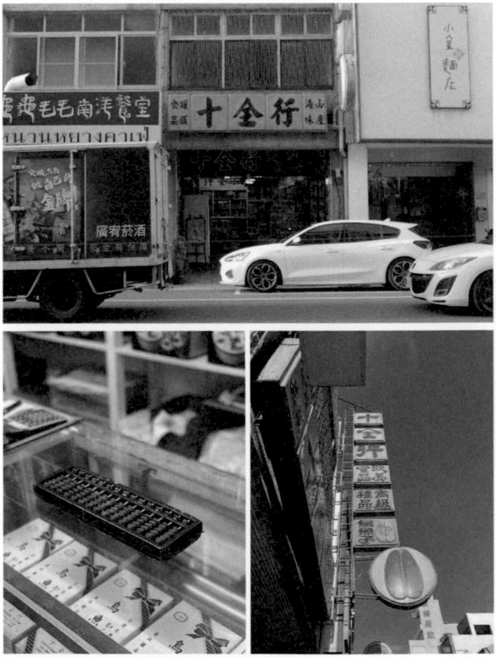

以上都不會壞，這項傳統技術也流傳到現在，只有在老店看得到。我看見櫥窗上有幾項日本進口的魚罐頭，老闆很熱心幫忙翻譯是什麼魚做的，便買了幾罐以及酸梅口味的香鬆。

十全行
からすみ
烏魚子
麦茶
梅
鮭
マルコメ
マルコメ

我問：「這裡以前也是賣這些東西嗎？」年輕老闆說以前是賣南北雜貨乾糧，現在有賣烏魚子、干貝、鮑魚等高級禮品，也會進一些日本的食品、零食來賣，門口櫥窗上，就擺了滿滿的日本商品。

友愛市場

在臺南想要找尋宵夜的地方，大多數人會前往夜市覓食，但這幾年在市區，有一個地方是晚上可以逛的市場，白天是賣菜賣肉的傳統市場，晚上則變身為宵夜場。位在友愛街上的友愛市場，在天色漸漸昏暗的夜晚，慢慢亮起暖暖的黃光，晚上陰暗的菜市場漸漸熱鬧起來，燒烤、啤酒、壽司、小吃等等，攤位小小的，但能坐下來好好品嚐餐點，不想去夜市人擠人，這裡是一個不錯的選擇。

菜市場是婆婆媽媽常去的地方，對年輕人來說，是很少踏足的場域，在夜晚，這個小角落燃起一絲生氣，反而變成年輕人，到了晚上要去逛市場的話題。早上與晚上風情不同，這種氛圍讓我想像是舞台被切成一半，布幕一個

轉身，變換到下一幕場景，繼續進行另一場的演出。餐飲業歷經三年疫情風暴，許多店家就此關店，還能看見一個小地方燃起生命力，希望這樣的畫面能繼續下去。

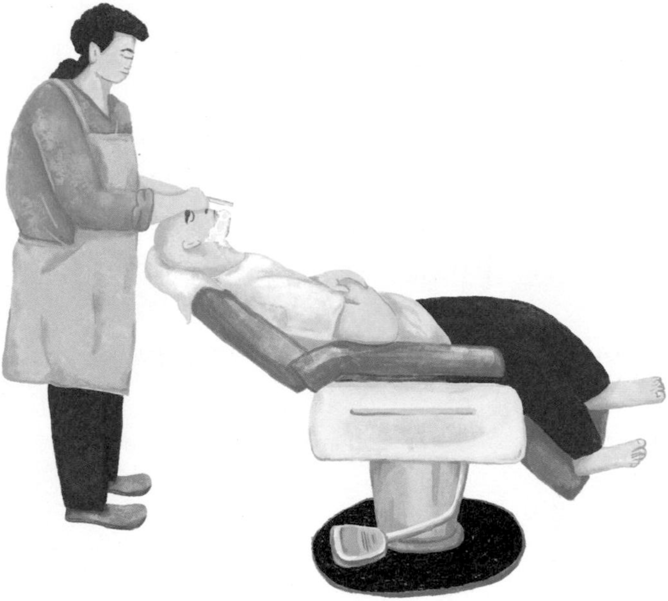

理髮廳

走在居民的日常街道，經常看見家庭髮廊裡面阿姨的美容時光，或是年長男士的理容畫面。傳統理髮廳裡的樣貌，會有一台椅背可以躺下來的椅子，外面架上披著橘黃色毛巾，在太陽底下曬乾，是真實日常的生活感。在我這個年紀，很少走進家庭理髮廳這樣的店，所以在巷子裡亂晃時，看見紅白藍的旋轉燈，會特別停下來多看幾眼。

理髮廳是在地居民鄰近打理面容的地方，有溫情的互相

關懷，也是客人訴苦與分享喜悅的場所。理髮師專注打理好客人的門面，同時也照顧了客人的心情。整理完面容不只外貌的改變，隨之心情也跟著變好。或許是家庭理髮店，讓人感到親切又充滿復古情懷，這裡的畫面總是無比溫暖。

傳統手藝職人

在臺南街道上亂竄，不經意會遇見許多職人藏在民宅裡。這是所謂的高手都在民間嗎？看他們總是默默地做，認真專注的樣貌，並持續著傳統手藝，一如往常生活著，也讓我停下腳步欣賞眼前的畫面，記錄下生活裡的工匠們。

從巷子裡竄出遇見一間老舊平房，招牌上寫著百年木炭行，小小雜亂倉庫，一包一包堆在門口，店裡也層層堆疊高高的木炭，店家在騎樓下擺放躺椅坐在路邊顧店。以前瓦斯未成為臺灣主要燃料前，木炭是每日不可或缺的生活資材，時代變遷下，生活上只剩烤肉時才會使用的東西，漸漸地木炭行也越來越稀有。而店家悠閒顧店的模樣，也展現了臺南生活緩慢的色調。

位在民族路與觀音街路口的一間老屋百年木炭行。

在巷弄內無意間遇見有位老人正在畫圖，紙張夾在日光燈照射的畫台上，正在用黑筆勾勒線框，仔細一看，是神明的肖像畫。偶然欣賞民間技藝的現場表演，感到非常幸運，看他專注的樣子，不方便打擾便悄悄離開。

走在大馬路只要看見小巷子，就想走進探險看看，因此會發現很多新奇事物。某天走進巷子裡，有一小段S形轉角處有間小工廠，安靜的巷弄內，聽到師傅拿著鐵鎚敲敲打打的聲音，便停下來觀察，是一家專做手工鍍鋅容器的亞鉛店。

那天下午，西曬的陽光斜射映入店裡，一塊灰藍色帆布掛在門前遮蔽，布角下的牽線綁在地板上的廢棄茶壺，另一頭綁在花窗上，撐開整塊布同時也防止它飄逸。店外放置幾個已生鏽的器皿，讓古早懷舊的味道更加濃厚。現在市面上的容器，已被許多塑膠製品取代，要看到純手作的工匠已經很少了。那天下午陽光的柔和度，掛在門外的布簾讓堅硬的鋼鐵器皿溫和許多，工匠的專注眼神，器皿上的手作痕跡，也讓作品多了一份溫度。

亞鉛（台語與日語同念作：A-iân / あえん）正式名稱是「鍍鋅鋼板」，爲鋼板外鍍了一層防鏽的鋅，以質量輕、好塑形又耐用著稱。

路邊攤販

移動式販賣車在路邊以快速方便提供飲食，在以前是個盛行的販售方式，與人民的生活緊密著，是臺灣的傳統攤販文化之一。一台在赤崁樓附近的路邊小攤販，隨著季節變化更換販賣的商品，在冬天賣白糖粿，夏天賣愛玉冰，賣的都是很簡單的古早味小吃，卻提供許多人回憶裡的懷舊味道。

隨著飲食文化的改變，在現代社會講求衛生與新型病毒的出現，這類型攤販會不會漸漸消逝了。那天阿伯坐在板凳上，看著來來去去的車潮，攤販前卻無半個客人，當時疫情還未趨緩，卻堅持出來販售。他們一直守護著這份記憶裡的味道，還因應季節作食材變化，讓攤販文化與傳統小吃能繼續存留，也讓我們可以比對自己的生活樣貌，這股力量的延續，真的很令人敬佩，每個世代有不一樣的課題要面對與渡過。

富士牌
夏天愛玉冰

白糖粿
1條 25元
冬天白糖粿

四、遊走老屋

臺南是座古老城市，街道上瀰漫著好幾世代的歷史故事，走進巷弄尋訪老屋，已成爲臺南旅遊的第一指標，有許多老屋咖啡廳、民宿、藝文空間等等，享受這些老屋新藝術，也是貼近在地人的生活場域。

老屋都是經過長時間的洗鍊，跨越了時空訴說著故事，是建築學的工藝教材，前人的智慧結晶展現，翻閱著街上留下的故事，遊走的過程自己也獲得很多。越來越多的老屋被保存再利用，讓我們能更親近的觀賞，也讓歷史故事可以延續下去。

生活裡的老屋

走進隱密的小巷子，從一條巷子開始到一個小社區裡，遊走臺南居民的生活場域，感受不被打擾的悠靜。臺南的街道有著新舊建築參雜其中，許多老房子都隱藏在巷弄角落裡，沿路看見老屋的美，都令我感動與驚艷不已。

尋訪的過程，從中感受在地人的文化歷史與生活樣貌，看到居民晾衣服的日常生活，感覺他們與老屋的相處互動，和近幾年很夯的老屋咖啡廳、民宿比起來，似乎多了一點人情溫暖的氛圍。走著走著傳來麻將洗牌的聲音，或是遇見的舊市場留下的菜攤販與豬肉鋪，老屋和臺南的緊密度竟是一般的日常，這也許是臺南另類療癒的好風景。

處在一條寧靜的巷弄內，是生活在這的日常寫照。

發現未曾走過的巷子，都會特地選擇鑽進探險看看。有天走進一條很窄的巷子，差不多只有一個人寬，沿路幾間住宅老房，有的屋頂倒塌像是被拆過的痕跡，能看見屋內地上還留有磨石子的地板。走到底有一間立在路中間的老宅，一位阿伯在修剪門口的草木，便搭訕阿伯問：「這間厝應該很老了吧！」，他說：「謀啦，前面還有一間更老的。」一直比著前方叫我去看。

我跟阿伯說我很歡喜看老厝，阿伯說喜歡看就好不要住進去，住進去會感受到一些看不見的東西。講了一些他遇到的靈異事件，但說得輕鬆自然，像彼此和平共存已習慣的日常，講完阿伯一如往常繼續修剪草木，這是臺南巷弄裡常有的日常樣子。

拐一個彎入巷

近年走進臺南巷弄已成為流行，很多店家開在巷子裡，一些不經意的相遇都能在巷弄裡挖到寶，在臺南不用刻意安排行程，才能隨性自在地遊玩。我經常晃進小巷亂逛，有時用走的，有時騎著腳踏車，穿梭小巷老街，經過老屋廟宇，再看見民宅外的花草樹木形成自家小花園，這些景象令人流連忘返，讓我從小巷走到大馬路的同時，又回頭拐進小巷裡了。

走在老屋之間的巷子裡，一道溫和的陽光灑下，穿梭之間接收時空給予的感觸，是臺南舒服的午後。安靜的只聽得到鳥叫聲，或是風吹動著草木聲，再往前走去，可以看見可愛小貓跳上跳下，互相追逐佔地盤，有的會躺著睡午覺，露出舒服的臉龐，連臺南的小貓也很愜意的享受生活。

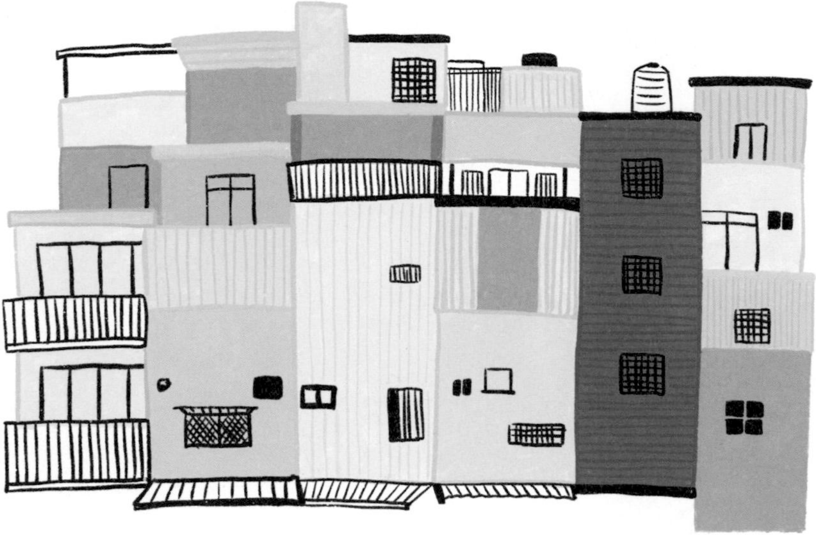

時代的堆疊

時間的傳承演化，老房子保留傳統結構並融入新建設，有了歷史的雙重特徵。原本房子的背面被遮住了，後來改建成停車場，顯露出不同時期加蓋的鐵皮剖面，每一層樓每一區塊，以及顏色都不一樣，讓此牆面顯現出臺南的隨性。

走進一條新舊融合的百年老街，位在赤崁樓附近的新美街，有著老店茶行、民俗雜貨店、廟宇等，也有許多老屋改造的咖啡廳、餐廳、酒吧。某天特地從新美街的頭走到尾，試著走完一整條新美街，看看這條老街還有什麼沒發現的風景，也發現有許多新開的店家，在同一條街感受著不同時空的繁華，慢下腳步享受府城擁有的古色古香。

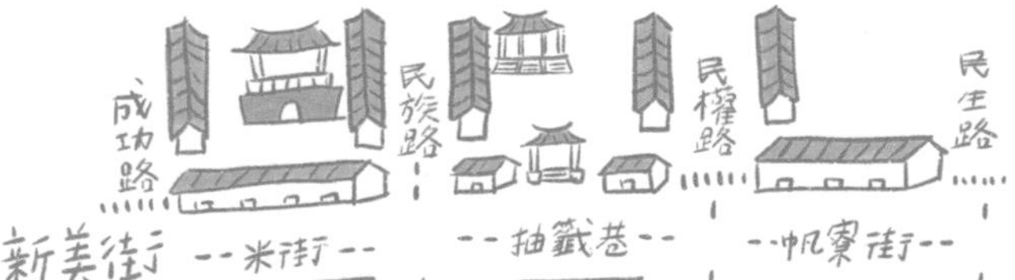

新美街以前是由三條街巷串起來的，從成功路到民族路段古稱「米街」，當時聚集了許多米商，也是南北貨貿易商的交易場所；民族路到民權路這一段古稱「抽籤巷」，舊時有許多算命攤，位於開基武廟前，香火鼎盛抽籤神準，鄰近又有大天后宮和祀典武廟，是廟宇相當密集的區域；從民權路到民生路這一段之間稱「帆寮街」，在清代是船隻修補船帆的港口，現今的街道路口，還掛著一條寫著帆字的布條（下圖右），從巷口望進去可以看到地勢的高低差。

這三戶連成一棟的房子，是在新美街的某個巷子裡，外觀是老屋木房加蓋鐵皮，很特別的新舊堆疊，窗戶想開在哪處就開在哪，看起來參差不齊有點雜亂，不刻意計算的建造，很隨意自由展現，窗外屋頂上曬著衣服還飄動著。

以前的木造房子只要有人住，都能存活到現在，而沒有多餘的金錢與技法，只能用鐵皮修修補補。矗立在小巷子裡，安靜的生活著，是時間的層疊交錯，有點隨性又自在的生活樣貌，讓我覺得這棟建築是一幅自然美麗的藝術品，停留在它面前欣賞許久，就這樣記錄下來了。

臺南巷弄裡的鐵窗花。

鐵窗樓之間

鑲在窗上的鐵窗花，是臺灣特有的風景，現在只能在老房子看到。時代的變遷，鐵窗花製作繁複，早已被鋼鐵、鋁窗給取代，但不會被取代的是每個鐵窗花獨有的花紋。遊走臺南街屋時，試著抬頭欣賞，經常被鐵窗花的藝術美給震驚，不僅有功能性的防護還有美化效果，鐵窗花僅貼近我們的尋常生活，卻在街道上展現藝術美貌。

在巷子裡無意間邂逅，四樓老宅一排好幾十戶，眼前一整面鐵窗花，機車緩緩經過，讓老物件帶入畫面中，這之間的關係，只想露出日常生活的樣子。感受老屋的在地時光，臺南的慢節奏，讓時間不知不覺地逝去，是一種無價又奢華的享受。

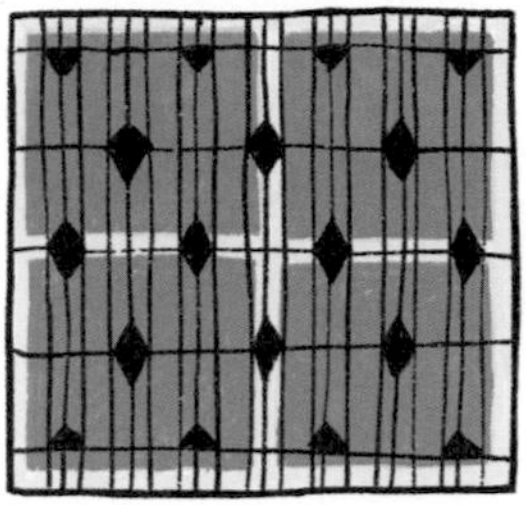

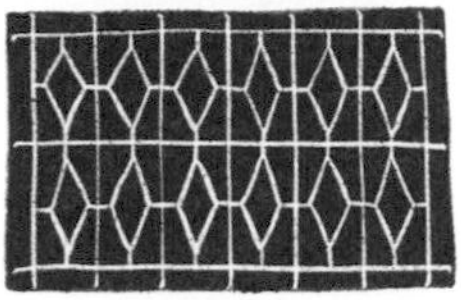

悠然的時光

平日街道上只有少數遊客，巷弄內顯得寧靜許多，可以悠閒散步，靜靜欣賞老屋的輪廓，看著店家們都沉浸在工作裡，時而看見他們輕鬆地聊著天，更能看見在地人的日常生活。臺南是讓人想聊天與相聚的地方，但也是一個讓人獨處感到自在的地方，選一間咖啡店沉靜地待一個下午，與自己內心好好對話。

以往老街幾乎成了聚集攤販的商店街，而臺南的老街只是一般巷弄住宅，沒有人潮擁擠的景象，可以輕鬆漫遊。一些獨具風格的餐廳與咖啡店混在其中，走著走著像在尋寶一樣，並跟著搜尋讀了很多在地歷史故事。

▪ 厝咖啡。（上）
▪ 夜晚的開隆宮。（中）
▪ 甘單咖啡。（下）

眼睛望向巷子裡，這次出現的不是小小窄窄的道路，映入眼簾的是廣闊的宮廟前廣場，是位在臺南火車站不遠處的開隆宮，旁邊是間咖啡廳，外頭擺放著椅凳，可以坐在外頭喝咖啡，搭配眼前的廟宇風景。

觀看四周環繞著房屋，旁邊一棵高大的老榕樹，抬頭看著藍藍的天空，心情像是廟埕的空間，給人一種透心遼闊感，臺南的午後就是這樣愜意溫暖，悠然地渡過美好時光。

老屋早午餐　南島夢遊

公園路的某個巷弄裡，走進一條很窄的小路，像是闖入別人的生活場域，再往前走可以看見一棟兩層樓的老宅，這間早午餐店就藏在民宅之中，不走進巷子是不會發現的小店。

喜歡店裡的位置之一是窗前，能處在一個最安靜的地方，坐在這裡畫圖或是閱讀，光線充足也是最自然的光照，畫累了看看窗外的大樹植物或是可愛的街貓，讓自己的心境變換一下心情，又能再坐上一段時間。第二是吧台的位置，能專注眼前事物，好好的品嚐餐點或是處理公事也好，吧台的高度可以安心地處在自己的小世界，是個不會受到別桌客人打擾的好位置。

▪ 老屋留有的八角窗與店家餵養的街貓阿勒跟溜丁。（上）▪ 店內窗前的座位。（中）
▪ 抹茶拿鐵上的可愛小貓拉花與三明治餐點。（下）

南島夢遊的外面是個小庭院，老闆說：「開店時外面的藍花楹還很小棵，現在越長越大，已經高過這間房子了。」陽光穿過樹葉，店裡牆上能看見閃娑的光影，風吹來還可以看見下著葉雨的場景，坐在窗邊欣賞這一幕的浪漫，也能感受這家店時間的經歷，跟著這棵樹一起成長，並持續享受這裡的風景。

如果有一個地方讓你不再追求美食和流行的生活風情，並能以自在的姿態享受悠閒時光，又能好好與自己獨處，我想那是個很值得去的地方。這間店讓我有這樣的感受，但只限平日才能獲得安靜對待，或許未來的日子又會變得不太一樣。

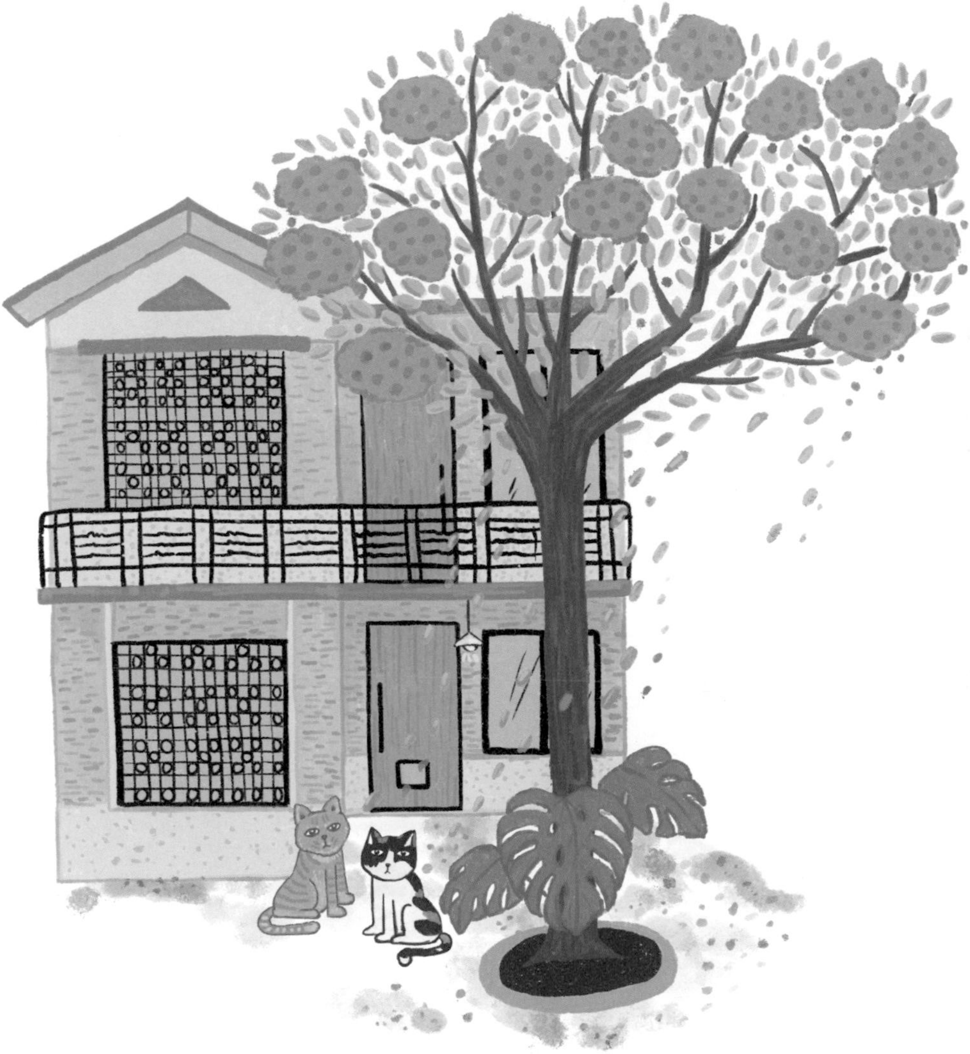

老屋咖啡 kokoni

落在新美街小巷裡的一間老屋咖啡廳，也可以從另一頭西門路二段的巷子走進來，這家已開了好幾年，但都沒進去拜訪過，一直放在口袋名單深處，剛好跟朋友的一個小聚會，便提議了這間店。

菜單上有甜的鬆餅可做選擇，也有鹹的米食蓋飯能墊墊胃，那天點的餐點都讓我們驚豔連連，不只空間連餐點也很合我們胃口，覺得是一家可以再訪的店。與朋友品嚐著食物分享著自己點的餐點，好吃得讓人依依不捨地再細細回味一番，不只食物的食材，空間裡每個角落都是驚喜，一個人來更能好好感受這個空間，沒想到第一次來就愛上了，是個很棒的地方。

- 店家門口與一樓窗前位置。（上）
- 自然採光好的玻璃屋座位區。（中）
- 阿嬤の甜粿鬆餅 & 溫泉蛋山藥蓋飯。（下）

這天是平日下午人潮比較少，推開斑駁的木門，迎接我們的是無人的四人桌，但店員指引我們樓上的座位，一上樓看見地板鋪了復古花磚，有個採光好的玻璃屋，陽光灑進來讓冬天暖洋洋的顯得更愜意，獨自坐在玻璃窗邊感覺很不錯，下次有機會選這個位置吧！

在不趕時間的午後，跟朋友有個地方可以分享彼此近況，一個讓我們沒有壓力並能輕鬆自在的相處，老屋裡更顯得溫暖許多，有著歲月堆疊的痕跡，像是回到家的感覺，讓這樣的老屋咖啡廳多了一份親切感。

kokoni

好吃

五、尋尋覓覓

臺南有許多老店舖，堅持著繁複工序，繼續自家的老手藝，他們選用的食材新鮮，我想這就是保有美味的秘訣吧，吃的人也獲得滿滿能量與好心情。

尋覓著臺南傳統小吃，有著滿滿臺味料理，此章分享這些很貼近在地人的生活，許多是延續以前飲食文化而流傳下來。來臺南沒好好大吃一頓很對不起自己，藉此慢慢享受美食，品嚐最道地的料理，並感受店家的用心製作與人情味，刺激口中味蕾之餘，再一點一滴滲入內心。

福榮小吃店

在臺南要買布，第一個想到的是西市場，裡頭有好幾家布莊、西裝店與縫紉材料行。我姊有在做裁縫相關作品，以前很常跟她到布行採買逛材料行，當時會到西市場前的露店，吃一碗福榮小吃店的意麵，先填飽肚子後再去買布，也算是看著這裡一直在改變。近幾年西市場正在進行修復改建，露店的部分因此拆除了，目前搬到外面的臨時貨櫃攤繼續營業，照片是還在露店時拍的，我試著繪出已消失的樣貌。

福榮小吃店創業於民國12年，已是百年老店，每次看見老店能存留這麼久都讓我感到敬佩。他們的意麵是手工製作、自產自銷，意麵帶點彈牙口感，我自己喜歡偏硬一點的，餛飩也是自家手工包的，喜歡他們的餛飩皮不是像外面賣的那樣軟爛，剛好都很合我的胃口。樸實無華很單純的料理，說起來好像很簡單，但他們用心製作且下了很多功夫，才擁有福榮小吃店永續經營百年的一碗意麵。

福榮
阿瑞意麵
梨

江水號八寶冰

江水號跟福榮小吃店一樣位在西市場的露店，同樣搬到外面的臨時貨櫃攤繼續營業。繪出的圖是在西市場時的樣子，白色磁磚檯面上放著一鍋一鍋八寶冰配料，最誘人的是那一鍋綿密的芋頭泥，身為芋頭控的我完全被吸引住了。

江水號就在福榮小吃店旁邊，經常會去吃一碗意麵再搭配一碗剉冰，自己組成有主食與甜點的套餐，目前這樣的價錢百元還有找，吃完發現他們竟使用同款瓷碗，碗裡面是一幅水墨畫很漂亮。

記得有次吃完冰要離開時下雨了，突然被老闆娘叫住：「你們要去哪裡！」想說我們都付完錢了為什麼被叫住，我趕緊說：「我們吃完要走了。」老闆娘：「在下雨勒，再進去坐一下沒關係！」臺南就是有這股滿滿人情味，用氣魄的口氣讓你又愛又恨，那天看見頭髮已白的老闆還在後面做圓仔，心裡感到安慰，能再看到你們還存在著真好。

民國二十年創立
江水號
刨冰
米糕粥
紅豆湯
花生湯

無名米糕

位在巷弄裡的無名米糕，以前平日去還能輕鬆吃到，現在不管何時都要等半小時以上，店家會事先告知願意等再排隊，店裡座位不多，出餐是不慌不忙的步調，所以都要等上一段時間，覺得很特別的是點餐採手寫，想吃什麼把品項寫在空白紙上再遞給店家。

他們家的肉燥較肥一點，上面會撒上肉鬆，超推薦加點一份半熟荷包蛋和米糕拌在一起吃，還有讓人驚艷的綜合湯，裡面有魚丸、貢丸、魚皮、肉餃四種料，出餐前會再加上油條，這一碗料多實在又便宜只賣35元，他們不只賣米糕，菜單上還有很多餐點，幾乎都是銅板美食，可以吃飽飽，還百元有找。

其實臺南有很多家米糕店也很好吃，每家各有特色，如果不想來這裡等那麼久，可以找找其他備案，在臺南可以輕鬆自在一點遊玩，才不會把時間都浪費在排隊。

米糕
米粉麵
肉餃湯
肉燥飯

清吉水果行

在南美館散步累了的下午，走到鄰近的冰店，來一場六零年代老派約會。清吉水果行位在臺南美術館 2 館附近，走進這家水果行，氣氛懷舊的復刻感，像是爸媽那年代的約會場景，讓我覺得很迷人且充滿情調。

檯面上陳列各式各樣的水果，水果品質看起來很高級，是一家有賣水果、刨冰與果汁的水果行。眼前看到的顏色形狀大小不同，井然有序地排列堆疊，從一小盤、一大箱到一大籃都有，整個畫面繽紛又帶點復古氛圍。

內用果汁是用復古玻璃杯裝盛，讓懷舊氛圍更加濃厚。點一份新鮮現切綜合水果盤，或試試臺南水果行的番茄切盤，一定要沾薑末甘

草粉加醬油膏的沾醬食用，這種沾醬味道很微妙，沒試過的人可以嚐試看看。

也有綜合水果冰可以點，加顆古早味布丁讓味道更加分。那天還遇見住附近的婆婆來這裡與店家日常聊天，讓現場氛圍多了一些生活感。到了深夜燈火依舊明亮，晚餐吃飽可以散步來這裡吃水果，也是臺南另類的飯後甜點最佳選擇。

椰子水
一杯80元500cc
特製古早味
紅茶
冬瓜茶
楊桃湯
鮮奶茶
500cc 25 30

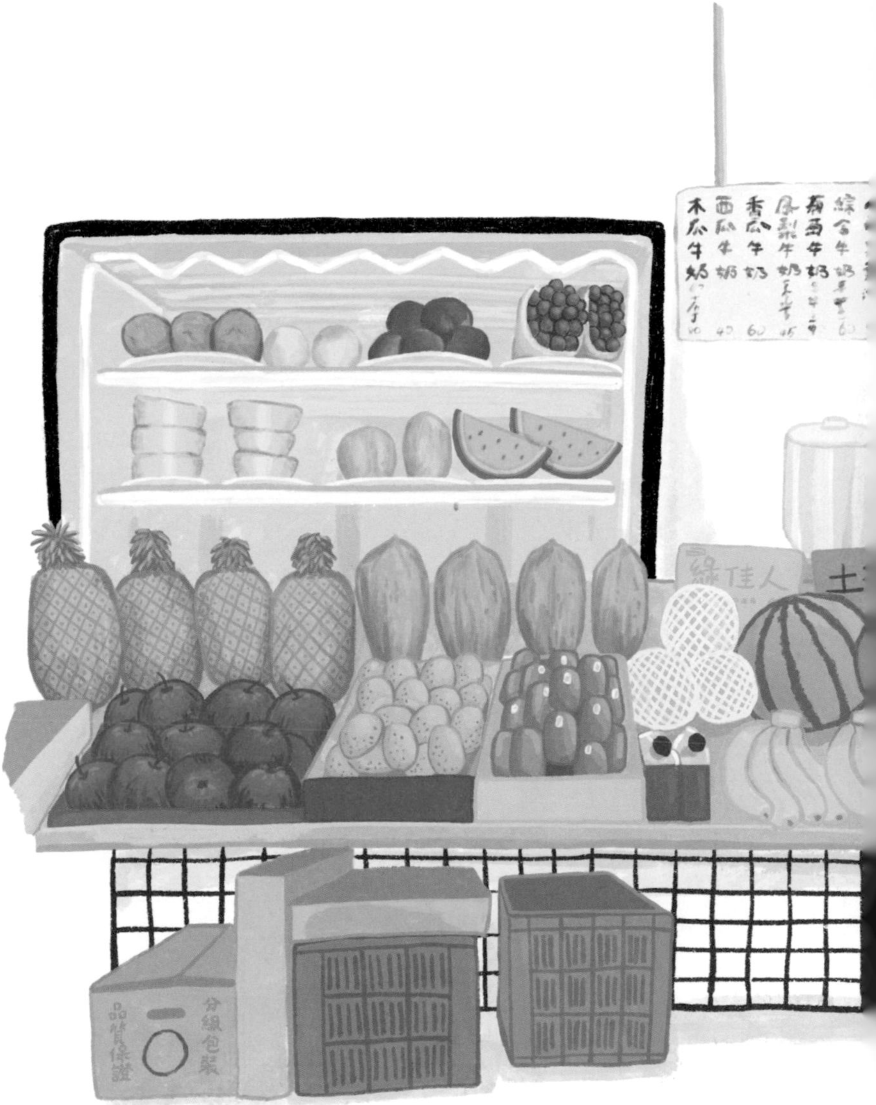
木瓜牛奶 40
西瓜牛奶 40
香瓜牛奶 60
鳳梨牛奶 45
蕃茄牛奶
綜合牛奶 60
綠佳人
品質保證
分級包裝

花枝鱔魚意麵

德興鱔魚意麵

鱔魚意麵算是臺南美食代表之一，介紹這間是在自己的美食口袋名單裡，比較少觀光客會來吃，但平日中午已經是客滿狀態。店裡只有兩個人在做餐，看得出來他們很忙碌，點完餐坐到位子等待時，老闆娘跟我們說筷子在前面要自己去拿喔，還說抱歉太忙，沒辦法好好招呼你們，就算是快節奏的忙碌，老闆娘還是很親切招呼。

現場轟轟的大火與鏟子炒鍋的聲音接連不斷，鱔魚下鍋大火快炒，能展現鱔魚意麵經由鍋氣與醬香的催化，第一口吃下能吃到快炒後的焦香味，鱔魚鮮嫩脆口完全不帶腥味，乾炒意麵不軟爛鹹甜鹹甜的很剛好。

另外點了乾炒花枝意麵與豬心清湯，大火快炒的花枝肥美Q彈好吃，豬心清湯做法跟牛肉湯很像，好像只用熱湯川燙過，湯與豬心都帶點粉紅色，喝起來清甜肉質軟嫩。記得以前有賣麻油腰子，但好像停賣了。口味不管好不好吃合不合自己胃口，店家這股滿滿人情味，在料理上自然加分許多。

水仙宮青草茶

國華街是來臺南旅遊必去覓食小吃的一條街，集結許多美食名店，接近中午時，這些店家已是滿滿的客人，甚至排了長長的隊伍。水仙宮青草茶在國華街永樂市場一樓，位在美食戰區的三角窗路口，很難不引人注意。店門口放了滿滿的各種新鮮青草，層架上也塞滿一袋袋的乾青草，視覺上讓人覺得青草茶功效大增。

他們的青草茶香味比較重，顏色比較深，微微甜度，薄荷味鮮明，夏天適合來一杯清涼止渴又消暑，看見這樣屬於在地的古早味飲料，吸引滿多外地人購買。

我很喜歡欣賞店家的物品陳列，或是一些裝盛器皿的擺放、工作用具的吊掛等，隨意擺放自然呈現店家風格，然後再把這樣的畫面用繪畫的方式記錄下來。這些元件的組合都是店家的招牌，一家外表獨特又帶點復古的店家，時常讓我想把它們畫出來，這樣的過程既療癒又有成就感。

各種鮮青草頭
原 水仙宮青草店
杜馬六十年的店 2258349-2283019
固肝解毒茶
苦 茶
青 草 茶

再發號
百年肉粽

再發號肉粽

再發號的肉粽屬於南部作法，肉粽以水煮方式炊煮，糯米粒融合在一起，吃起來口感濕軟綿密。我自己喜歡肉粽煮的軟嫩，咬到裡頭的肥肉時，馬上化掉跟糯米一起融在口中，瞬間香氣噴發滋潤了味蕾。

剛點完餐，肉粽馬上端上來，另外附上一根竹叉搭配食用，感覺更有古早味。他們的肉粽特別的是有淋肉汁，讓口感更滋潤、香氣也更濃厚，基本上不用沾什麼醬汁，味道已經足夠，吃到最後擠了一點甜辣醬試試，竟然相當加分，突然有點想再來一顆。

同時點了蝦丸湯和酸梅湯配著喝，兩樣東西不讓人失望，都好好吃喔，能吃到這麼好吃的東西真的很開心。他們有賣一顆一百六十元的特製八寶粽，包的料比較高級，但沒吃過，因為太貴了，吃吃庶民小肉粽我就很滿足了。

六、踅菜市仔

探索城市的生活，可以從逛傳統市場開始，是飲食生活不可或缺的好地方，日常各種所需或意想不到的，都可以在市場裡找到，也是最貼近在地人最平實的日常樣貌。人與人之間的互動充滿著人情味，一早就賦予生命力的地方，一天的時間從這裡開始跟著流動。

喜歡欣賞攤位的陳列擺設，每攤呈現自家不同個性，商品多樣且五顏六色，沒有漂亮的攤位，只有眞眞實實的商品，這是傳統市場給人的獨特印象，也是我喜歡觀察的景象。

生鮮蔬果

走在菜市場的生鮮區裡遊蕩，氣味是混濁的，聲音是吵雜的，觸感是潮濕的，有著五味雜陳的面貌。一攤一攤往裡頭走進，錯綜雜亂的動線，猶如尋寶的大迷宮。沿路刀子斬剁的聲音，攤販宏亮的叫賣聲，各出奇招只為吸引顧客，現場雖然很吵雜，但仔細聽，會有一些有趣的句子。像是聽到賣糖炒栗子的老闆大喊著：「來唷～喇舌～」，栗子的台語為 lát-tsí，音同舌吻的台語，每次踅菜市仔都讓我覺得又驚又喜。

常看見攤家老闆與客人日常的對話，互道關心分享彼此的生活，這些是在傳統市場裡能看見人與人之間的互動。日常採購的食材，最原始最原味的樣貌，是生活之一，在結帳時老闆幾乎都會去掉零錢尾數，是個充滿人情味的地方。

常聽我媽逛市場買東西的經驗談，跟豬肉攤說要煮什麼料理，他們會推薦你用哪個部位比較合適，或是想切怎樣的大小，他們也會幫忙處理。雞肉攤會送雞腳、雞冠、雞肝等，都是免費不用錢。賣菜攤位整齊擺放各式各樣的蔬菜種類，不知道菜名或是不知怎麼料理，問問攤販老闆，都能獲得獨家料理祕方，結帳時還會塞給你一些九層塔或蔥薑到袋子裡，幾次親自去逛市場後，才知道餐桌上出現的料理有多不容易。

35
芹菜管
35

▪ 新化市場裡的浮水魚肉焿。（左）
▪ 安南區果菜市場裡的魠魠魚焿。（右）

熟食小吃

除了新鮮食材，菜市場也有許多熟食攤販，無論是煎煮炒炸，各式各樣手路菜，像是滷豬腳、醉雞、炸魚條、滷虱目魚頭等等，不想下廚的人也能買到一桌豐盛的晚餐，每道都是功夫料理，既道地美味又便宜，菜市場裡可以挖到許多美食之寶。

也是一早供應在地人元氣的好地方，逛累了有賣咖啡的小店可以休息一下，也有飯類、麵食、牛肉湯等小吃攤位，逛到中午再外帶一份回家好好享用，一天三餐都能在市場裡飽餐一頓。

▪ 菜市場裡的各式招牌布條。

▪ 攤販的碗盤堆疊也是一種藝術品。

中華炒麵
萬里米粉炒
虱目魚焿
米粉焿
麵焿
素食碗粿
傳統碗粿
20 20 30 20 20

找到以前的相片突然回憶湧現，照片日期是二〇一七年某天，騎著腳踏車到臺南喜樹社區晃晃，是鄰近濱海公路旁的一個小聚落，鑽進小巷子，遇到一個阿伯牽著一台老舊古董腳踏車，後座綁著一大籃蒸籠，裡面放著數十碗碗粿，腳踏車手把左右兩邊掛著水桶，裡面放著食材與器皿，被阿伯的復古裝備吸引了目光，便停下來拍照，這時阿伯停下來說：「這裡沒有賣，要送去菜市場賣的，趕快拍我要走了喔！」。原來是碗粿老闆要去送貨，我快速拍了一張照，便一路跟隨著他到菜市場，想嚐嚐看這碗粿的滋味。

到了菜市場攤位，生意很好，客人滿多的，看著牆上價目表，便宜到不可置信，現在要找到這種價錢已經很難了。於是，跟著在地人，點了一份碗粿和虱目魚羹，一起坐在攤位前的搖滾吧台區，欣賞老闆娘手腳伶俐的上菜秀。想著怎麼把它畫下來的同時，上網搜尋了一下，Google 顯示已永久停業，但近期搜尋看到的資訊，傳承的第四代搬到市區永福路繼續營業。當時用拍照的方式記錄下來，也讓現在的我回憶湧現，並用另一種方式分享這個故事。

▪ 菜市場外面賣著卡通造型氣球的婆婆。（左）
▪ 國華街上騎著紅色野狼賣著古早味甜食。（右）

流動攤販

菜市場總是人多擁擠車水馬龍，周邊形成人車並列的景象，裡裡外外佈滿攤販，看著來來去去的人們，流動的小攤販，獨立的樣貌顯得很可愛。能看見店家攤販忙碌的眼神專注在工作上，下一秒便熱情招呼你，而我靜止站在原地觀察，偷偷竊取畫面。

某天跟我爸逛完水仙宮市場，走到熱鬧的國華街時，看見一個騎著紅色野狼的阿伯，毆鬥麥後座載著木製層板，上面放著古早味甜點，像是雙糕潤、九層粿、甜米糕等等，記得這些小點心常在菜市場出現。

本來看著他要路過了，因為我爸很喜歡吃九層粿，他馬上被吸引，於是停下來購買。有著各式各樣QQ軟軟的甜粿還有麻糬，看起來都好好吃，我自己買了兩顆大麻糬，他的糯米口感吃起來滿柔軟的，讓我很驚艷而且非常好吃。

記得小時候在假日，我媽會去住家附近的市場大採買，一大早桌上會出現很多市場傳

統小點心，像是菜燕、粉粿、麥仔煎、九層粿等等，菜燕跟九層粿吃不完冰在冰箱，可以隔天再吃，而且冰冰涼涼的比較好吃，這些都是令人好懷念的滋味。

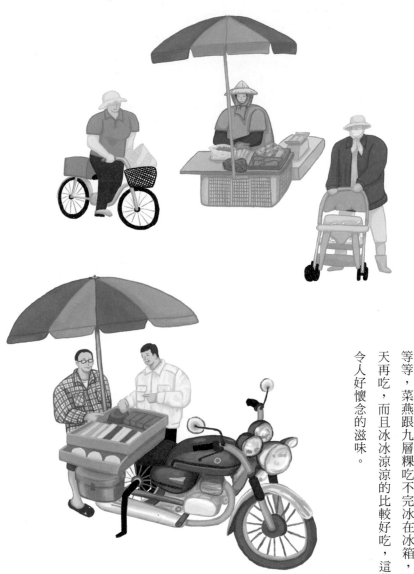

南北雜貨

柴米油鹽醬醋茶，雖然是料理上的小配角，但卻是不可或缺的靈魂角色。在菜市場裡有南北雜貨的小商店，小小攤販上擠滿了乾貨、調味料、麵食、蛋品、香料、五穀雜糧等等，雖然商品陳列整齊一目了然，但品項真的太多了，想要的東西還是要問老闆才找得到，而且是馬上知道商品在哪裡並找給你。

菜市場真的是一個大型寶藏箱，從原始材料到上桌料理，或是自身從頭到腳的配件都找得到，有一次還看見市場有洗頭服務，想得到的或沒想到的都能在菜市場裡找到，而南北雜貨就像是菜市場縮小版。試著放慢自己的腳步，細細觀察市場裡形形色色的人事物，每個攤位的呼吸作息，讓人越逛越覺得有趣。

味王
VE WONG
南北什貨食品

古早味點心鋪

走在水仙宮市場的普濟街宛如走進隧道，隱藏其中有間傳統糕餅點心鋪，牆上牌子用大大的字，標示自家招牌品項，攤位上琳瑯滿目的古早味商品，有綠豆椪、布丁、椪餅、台式馬卡龍等傳統糕餅，誘人的模樣讓喜歡台式古早味的我，每個都想嚐嚐。

攤位上的焦糖布丁很吸引人，古早味烤布丁有著綿密口感，好想加在剉冰上配著煉乳一起吃，菜市場賣的焦糖布丁看起來雖然不起眼，但回家拿個盤子倒扣，簡直就像咖啡廳販賣等級，而且物美價廉一顆只賣30元，口感軟嫩滑順便宜又好吃。

結帳時順手拿了台式馬卡龍，份量很多一盒有數十顆，很大顆而且價錢百元有找，鬆軟不會太甜膩，很適合拿來當午後小零嘴，是小時候常吃的小點心，菜市場也是尋找傳統美食與兒時回憶的好地方。

▪ 水仙宮市場的普濟街，下午已收的空空蕩蕩，呈現另一安靜的氛圍。（上）
▪ 傳統糕餅店。（下）

有趣的菜市場

有一家攤位上擺滿海鮮乾貨，站在攤位前感受的氣味是鹹鹹濕濕的，能聞到濃濃海味，看著一包一包的魷魚絲，能感受咀嚼時的鹹香滋味。當我指著醃製過的小魷魚，阿姨說：「這賀呷，呷了會很開心。」當場噗哧笑了一下，心想是毒品嗎？聽阿姨推薦買回家請家母炒來吃吃看，結果超級無敵鹹，已經泡過水再炒還是很鹹，那天晚上的餐桌上一直出現「好鹹喔～好鹹喔～」的對話，這就是阿姨所說的吃了會很開心的樣子。

菜市場裡會有遊戲機台，讓小朋友打發時間，還能享受得分的樂趣，不只是婆婆媽媽採買的場所，可能也是小時候和媽媽、阿嬤一起去菜市場的共同回憶。一早通常攤販們忙碌的

快節奏，和小朋友輕鬆悠哉的模樣，形成有趣的對比畫面。

有個攤位寫著「不要再問 50」，帶點氣魄的標語，跟你說就是通通都50元啦，好像也是菜市場能看到的景象，每次看到這些有趣的攤位，都覺得是臺灣很美的風景！

臺南散步觀察日記

2023年9月1日初版第一刷發行

作　　者　Moni・摸你
編　　輯　王玉瑤
美術設計　謝捲子@誠美作
發 行 人　若森稔雄
發 行 所　台灣東販股份有限公司
＜地址＞台北市南京東路4段130號2F-1
＜電話＞(02)2577-8878
＜傳真＞(02)2577-8896
＜網址＞http://www.tohan.com.tw
郵撥帳號　1405049-4
法律顧問　蕭雄淋律師
總 經 銷　聯合發行股份有限公司
＜電話＞(02)2917-8022
香港總代理　萬里機構出版有限公司
＜電話＞2564-7511
＜傳真＞2565-5539

國家圖書館出版品預行編目(CIP)資料

臺南散步觀察日記
/ Moni・摸你作 .
初版 . 臺北市 : 臺灣東販股份有限公司 2023.08
160面 ; 14.8×21公分
ISBN 978-626-329-992-4 (平裝)

1.CST: 遊記 2.CST: 臺南市
733.9/127.6 112012405